今日からなくそう！
食品ロス

〜わたしたちにできること〜

監修：東京家政学院大学教授　消費者庁食品ロス削減推進会議委員　上村協子

❷ 本当は食べ物が足りない国・日本

汐文社
ちょうぶんしゃ

はじめに

コンビニやスーパー、レストランやファストフード店では、どれにしようか迷ってしまうほど、いろいろな食べ物が売られています。また、みなさんの家では、冷蔵庫や戸棚の中に、たくさんの食べ物があるはずです。

そのため、「日本は食べ物が豊かな国だ」と思っている人が少なくありません。だから、食べ物を簡単に捨ててしまうのではないでしょうか。

もし、店や家に食べ物がほとんどなかったら、捨てたりできないでしょう。

実は日本では、多くの食べ物を海外から輸入しています。もし、何かの理由で輸入がストップしてしまったら、食卓から、店から、みるみるうちに食べ物が消えてしまいます。

それなのに、「日本は食べ物が豊かな国だ」なんて言えるでしょうか。わざわざ遠くの国から買っているのに、食べられるものを捨ててしまうなんて、おかしいと思いませんか。

この本では、食品の輸入のこと、農業のこと、私たちの毎日の食事などを通して、「日本の食」について、わかりやすく説明しています。

また、食品ロスを減らすために、楽しく取り組めるアイデアを集めてみました。ぜひチャレンジしてください。

人は毎日、何かを食べて生きています。だからこそ、一人ひとりがちょっと気をつけるだけで、食品ロスは目に見えて減らすことができるのです。

ブッフェスタイルのレストランではたくさんの食べ残しが出る

もくじ

一面に広がるアブラヤシのプランテーション

　植物油と聞いて、どんなものを想像しますか。揚げ物をする油や、フライパンに入れる油を思い浮かべるのではないでしょうか。

　実は、植物油はインスタントラーメン、パン、チョコレート、ポテトチップスなど、さまざまな食品に使われています。つまり、私たちは、知らず知らずの間にたくさんの植物油を食べているのです。

　世界で最も使われている植物油は、パーム油といって、アブラヤシの実や種からとれます。アブラヤシのほとんどはインドネシア、マレーシアで栽培されており、日本も大量のパーム油を輸入してい

収穫されるアブラヤシの実

実と種、両方から油がとれる

ます。

　しかし、アブラヤシのプランテーション（大規模農園）を作るために、さまざまな環境破壊が起きています。

　自分の食べているものが、どこでどうやって作られているか。それを知ることも、食品ロスを減らすのにとても大切です。

スーパーやコンビニに行くと、たくさんの食べ物が並んでいます。

たとえば、ジャムをひとつ買うとしても、いろいろなメーカーのいろいろな種類があります。おにぎりも、チョコレートも、１種類しかないということはありません。どれにしようか迷ってしまうほど、さまざまな種類が売られています。

そのため、「日本は食べ物が豊かな国だ」と思っている人が多いのです。

●海外からの輸入に頼る日本

でも、店に並んでいる食べ物は、すべてが日本で作られているわけではありません。その多くは、外国から輸入されているのです。

カロリーベースの食料自給率

国産の食べ物 約38%

輸入した食べ物 約62%

食料自給率　農林水産省（令和元年度）

かなの?

　日本で消費される食べ物が、どのくらい国内生産（自給）されているかを示す割合を、「食料自給率」といいます。

　カロリーベースで考えると、1日1人あたり2426キロカロリーのうち、日本で生産された食べ物は、918キロカロリー（約38％）。残りの1508キロカロリー（約62％）は輸入された食べ物なのです。

●お米は100％。けれど、ほかの食品は…

　食料自給率は、食品によっても違います。どの食品をどのくらい国内で生産できているのか、見てみましょう。

各食品の国産比率（％）

お米／100％

野菜／80％

肉類／9％

果物／40％

牛乳・乳製品／27％

小麦（パンやパスタ）／15％

　比率を見るとわかりますが、国産の食品だけでは、いつもと同じようには食べられないのです。これでは、「日本は食べ物が豊かな国」とは言えませんね。

（農林水産省　ニッポン食べもの力見っけ隊より）

🍚 食料自給率について考え

日本の食料自給率は、60年くらい前から、どんどん下がっています。1960年には80%近くの食品が国産でしたが、現在は約38%しかありません（カロリーベース）。

その理由は、私たちの暮らしの変化と深い関係があります。なぜ、食料自給率が下がってしまったのか、一緒に考えてみましょう。

●和食から洋食へ

食料自給率が下がった原因のひとつに、食事の変化があります。1960年頃まで、日本の食卓は主食がごはんで、おかずは、近くの畑でできた野菜、海や川でとれた魚などでした。そして、油を使う料理は少なかったのです。

油をあまり使わない和食

油を多く使う洋食

ところが、次第に食べ物の種類が増え、パンやパスタ、肉類、乳製品、揚げ物など、油を使った料理を食べることが増えていきました。それらの多くは、輸入に頼っている食品です。

●油脂類はほとんどが輸入！

サラダ油、ごま油、パーム油、オリーブオイル、バター、マーガリン、ラードなど、食用の油（脂）には多くの種類があります。それらをまとめて「油脂類」と呼んでいます。

こうした油脂類は揚げ物などの料理に使うだけでなく、パンやお菓子など、さまざまな食品に入っています。

日本では、油脂類の 97% を輸入に頼っていますから、油を多く使う食べ物が増えるほど、輸入量も増えるわけです。

●農家の数が減っている

1965 年、日本では農業をする人が 890 万人もいました。しかし、2019 年には 168 万人になり、約 80% も減ってしまったのです。

その原因のひとつは、若い人たちが地方から都会へ出て行ったり、農業以外の仕事を選ぶようになったことがあげられます。

現在、農業をする人の平均年齢は 66.8 歳。65 歳以上の人が半数以上

●この先、ずっと農業を続けるのが難しい

また、60 年前と比べると、田んぼや畑の面積は 25% 減っています。田や畑が住宅地に変わったり、耕作放棄地といって、作物が植えられずに荒れてしまう田や畑も増えています。

田畑だった場所が住宅地に変わる

荒れてしまった畑

こうした状況が続くと、将来、日本で食べ物を作ることができるのか、心配になります。

次のページでは、食料自給率が下がり、輸入に頼りきっていると、どんなことが起きるかを、見てみましょう。

ボクが大人になったとき、食べ物がなかったらどうしよう

　日本は、お金を出して外国から食べ物を買っています。でも、お金を出したからといって、いつでも食べ物が輸入できるわけではありません。

●もし輸出国で食べ物が足りなくなったら…

　農業も漁業も自然を相手にする仕事ですから、いつも同じ量がとれるとは限りません。その年によって収穫できる量は変わります。

雨が降らないために亀裂が入った地面

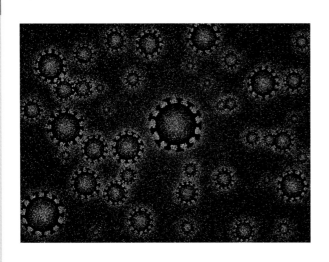

　たとえば、2020 年に新型コロナウイルスが世界を襲ったときには、感染を防ぐために農家の人が畑に出られなくなったり、感染したことで農作業ができずに、収穫量が減ってしまったところもありました。
　また、気候変動によって、収穫量が少なくなったり、水不足で作物が育たないこともあります。漁業でも、海水温度が上昇して魚がとれなくなったり、とれる海域が変わったりする現象が起きています。

●家畜の病気で輸入がストップする

　日本は、90% 以上の食肉を輸入に頼っていますが、豚熱（豚コレラ）、鳥インフルエンザなどの流行で、家畜が病気になることもあります。
　そうなると、輸入はできなくなります。

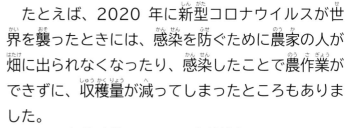

●流通がストップすることもある

　国内でも、生産者から私たち消費者のもとに食べ物が届くまでには、長い道のりがあります。まして、海外から日本に食べ物が届くには、もっと長い長い道のりがあるのです。

　たとえば、海外からの船や飛行機の会社の人たちが働かなくなったら、どうなるでしょうか。流通がストップし、日本に食料が届かなくなるのです。

運輸に関わる人たちがストライキを起こすこともある

●食べ物が足りなくなる未来

　世界の人口は急速に増えています。2019 年の約 77 億人から、2030 年には 85 億人（10%増）、2050 年には 97 億人（26% 増）、2100 年には、なんと 109 億人（42% 増）にもなると予想されています（「世界人口推計 2019 版」より）。

　そうなれば、地球上で食べ物が不足し、どの国も、自分の国で食べるだけで精いっぱいになり、輸出どころではありません。もしかすると、世界中で食料の奪い合いが起きるかもしれません。

POPULATION GROWTH

But I must explain to you how all this mistaken idea of denouncing pleasure and praising pain was born and I will give you a complete account of the system, and expound the actual teachings of the great explorer of the truth, the master-builder of human happiness.

1800 1850 1870 1900 1920 1930 1950 1970 1980 2000 2018

　また、忘れてはならないのが、子どもの貧困です。現在、日本の子どもの 7 人に 1 人が貧困に苦しみ、その中には、満足に食べられない子どももいるのです。

　食事ができるのは、決して当たり前ではありません。

　「おいしくないから」「もう食べたくないから」といった理由で、簡単に食べ物を捨てるような生活を続けてもいいのでしょうか。真剣に考えてみましょう。

お鍋の中に世界が見える

　私たちは毎日、いろいろなものを食べています。その中には輸入された食品が多く含まれています。それを知る方法のひとつに「食品表示」があります。

　輸入品には原産国名が表示されているので、「どこの国から輸入されたのかな？」と興味を持って見てみましょう。

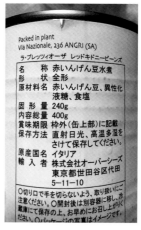

ラベルをよく見てみよう

●寄せ鍋は世界鍋？!

　寄せ鍋は、日本を代表する冬のごちそうです。白菜、ねぎ、豆腐、鮭、エビ、油揚げ、鶏肉など、さまざまな具が入っていますが、実は、ここにも輸入された食品が含まれています。食材の原産地の国の旗を立ててみると、そのことがよくわかります。

自分の家の
お鍋は
どうかな？

和食と
言えない？

鶏肉／ブラジル
タイやアメリカからも輸入していますが、全体の 70％ 以上がブラジル産です。

豆腐、油揚げ／アメリカ
豆腐や油揚げの材料は大豆です。国産の大豆は全体の 7％ で、ほとんどが輸入に頼っています。アメリカ、カナダ、中国の順で輸入量が多くなっています。

鮭／チリ
日本に輸入されるサケマス（冷凍）の 80％ が南米チリ産です。

エビ／インド
ほかに、ベトナム、インドネシアなど。ほとんどを輸入に頼っていますが、エビを食べる量は、日本は世界でトップクラスです。

カレイ／ロシア
ロシアのほかに、アメリカからも輸入しています。

白菜、にんじん、ねぎ、しいたけ／日本
鍋に入れる野菜のほとんどは国産です。

　こうして一つひとつの材料の原産国を調べると、「日本料理」と思っていても、たくさんの輸入した食材が含まれていることがわかりますね。
　また、日本を代表する調味料の、しょう油、みそは、どちらも大豆から作りますが、大豆の多くは外国から輸入しているのです。

日本の食べ物を、自分たち

海外からさまざまな食べ物を輸入することで、私たちの食卓は豊かになりました。

同時に、国産の食べ物がだんだん減って、食料自給率が低い状態だと、将来、もし輸入が難しくなったときには食べ物が足りなくなるという問題が起こります。

しかし、生活の中でちょっとだけ気をつけたり、意識を変えてみれば、食料自給率は上げられます。

●お米を食べよう！

日本の主食といえば、やはり、お米でしょう。おかずと一緒に食べるのはもちろん、カツ丼やカレー、おにぎり、お弁当など、お米は食卓の大スターです。

実は、60年ほど前は、日本の人口1人あたり年間120キログラムもお米を食べていたのですが、今はその半分以下の約55キログラム。これから先も減っていくと予想されています。

お米は国産100%ですから、ひと口でも多くお米を食べることで、食料自給率を上げられます。

●地元で生産されたものを食べよう！

「地産地消」という言葉を聞いたことがありますか。これは、自分が住んでいる地域で生産されたものを、その地域で消費すること。主に、農作物や海産物などに使われる言葉です。

地元で生産されたものは、どんな人が作ったのかがわかって安心できます。また、遠くから運ばないので、新鮮で栄養価が高く、値段も安くなります。環境にも優しいのです。

最近では、給食でも「地産地消」を取り入れるところが増えています。給食を残さず食べるのも、地産地消に役立つことになります。

の力で元気にしよう！

●米粉に注目！

パンやピザ、クッキー、ホットケーキの材料は主に小麦粉ですが、米から作られる米粉が注目を浴びています。米粉で作ったパンやホットケーキは、しっとりしてモチモチ。クッキーに使えばサックサク。スープに加えるとトロリと仕上がります。

最近では「米粉を使っています！」という商品を販売する店も増えています。

●農業を体験してみよう！

田植えや稲刈り、野菜の収穫をする農業体験が、全国各地で行われています。いつもは店に並んでいる農作物が、どこからどうやって来たのか、どんなふうに育てられていたのかを体験することで、食の大切さを実感できるのです。

そのほかにも、国産大豆や国産小麦を使った商品を食べたり、日本の農業や漁業、畜産業について学ぶことも、食料自給率を上げるために役立ちます。

どんなことでもいいので、小さな一歩から始めてみてはどうでしょうか。

野菜や果物の皮、肉や魚の骨、食べ残し…。キッチンからは毎日、いろいろな生ごみが出ます。もちろん、食品ロスも含まれています。

生ごみの行先は、ごみ焼却場です。ごみを燃やすのに多くのエネルギーを使い、環境によくない二酸化炭素も生まれます。

でも、「ダンボールコンポスト」を使うと、楽しみながら環境に優しいごみ処理ができるのです。

● 3カ月で約50キログラムの生ごみが消える不思議

ダンボールコンポストは、ダンボールで作る生ごみ処理機です。

専用の土の中に生ごみを入れてよくかき混ぜるだけで、1日約500グラム、3カ月で約50キログラムもの生ごみを処理できます。そんなにたくさんの生ごみが消えてしまうなんて、不思議だと思いませんか。

実は、土の中には「微生物」という小さな小さな生き物がたくさんいて、生ごみを分解してくれます。この微生物のおかげで、電気もガスも使わずに、生ごみを処理できるから、ダンボールコンポストは環境に優しいのです。

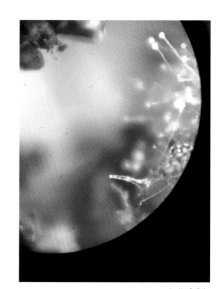

土の中にたくさんいる糸状菌（微生物）

●ダンボールコンポストの魅力はそれだけじゃない！

生ごみが微生物の力で分解されると、ダンボールの中の土は「たい肥」に変化します。たい肥とは、野菜などの植物を育てるのに適した栄養たっぷりの土です。

レコンポスト

生ごみを焼却処分すれば、灰になっておしまいになります。しかし、ダンボールコンポストを使って生ごみを処理すれば、生命の循環が生まれます。

食べる

たい肥で農作物が育ち、それが食卓に届く

生ごみが出る

ダンボールコンポストの中で、生ごみが分解されて、たい肥になる

焼却処分 灰になって終わり

●微生物の世話をしてあげよう

ペットを飼うと、いろいろと世話をしてあげますね。ダンボールコンポストも同じです。箱の中の微生物のために、食べ物（生ごみ）の種類を考えたり、かき混ぜて空気を入れたり、雨にあたらないように気をつけたりしなければいけません。

ちゃんと世話をすると、微生物がしっかり生ごみを処理して、良い土になってくれます。また、微生物が元気だと、箱の中の温度が上がったり、生ごみの色や形が変わったりするので、実験しているようで、毎日楽しめます。

身近な材料で簡単に作れるので、ぜひチャレンジしてみましょう。

一緒に
楽しもう！

生ごみが消える?! ダンボールコンポスト

作ってみよう ダンボール

ダンボールコンポストには、さまざまな作り方がありますが、そのひとつを紹介しましょう。

●準備するもの
①厚めのダンボール（40 × 30 × 30 センチくらいの容量の目安 約 35 リットル）、底に敷くダンボール 1 枚 （大きなダンボールを切り抜いてもよい）
②ヤシガラチップ 約 15 リットル
③もみ殻くん炭 約 10 リットル
④風通しのよいかご
⑤ガムテープ ⑥シャベル ⑦温度計
⑧いらなくなった T シャツ（虫よけキャップとして使う）
※ヤシガラチップ、もみ殻くん炭はホームセンターで買えます。ヤシガラチップが手に入りにくいときは、ピートモスで代用できます。

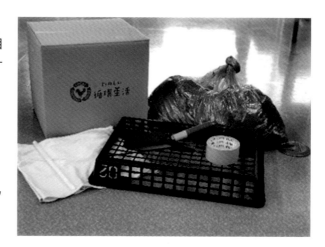

●作り方
①ダンボールを組み立て、すき間を 4 カ所、ガムテープでふさぐ。土がもれたり、虫の侵入を防ぐため、底の部分は特にしっかりと。
②【大事なポイント】ダンボールの底に 1 枚ダンボールを入れる。
※底が抜けないようにするため
③ヤシガラチップと、もみ殻くん炭を入れてよく混ぜる。
※吸い込まないように、マスクをして作業する
④ 雨があたらない、風通しのよい場所に置く。
風通しのよいかごなどにのせて、地面から 5 センチ以上離す。地面にそのまま置かないこと。

●どんな生ごみを入れるの？
・入れてよいもの
野菜や果物の皮、魚、肉、骨、卵の殻、食べ残し、傷んだ食品。
パワーアップ素材として、廃油（1 日 50 ccまで）、米ぬか少量、天かす、フライのかすなど（小さくすると分解しやすい）。
・入れない方がよいもの
貝殻…貝塚（古代の人が捨てた貝殻が残っている）でわかるように、まったく分解しないため。

（写真提供：NPO 法人循環生活研究所／ NPO 法人熊谷の環境を考える連絡協議会 白倉俊也）

ンポスト

①真ん中に穴を掘って、混ぜやすい大きさにカットした生ごみを入れる（1日約500グラム）。

②生ごみを入れたまわりを混ぜ、上から土をかぶせる。

③ダンボールのふたを閉め、その上に、虫よけキャップをかぶせる。
※虫よけキャップは、いらなくなったTシャツを縫って利用すると便利です。

④ ①～③を3カ月、くりかえす。
混ぜると微生物に空気が送り込まれ、活動が活発になる。

⑤ ①～③の作業はストップし、1週間に1度水を入れて混ぜる。3週間熟成させると、たい肥が完成。

スタート

生ごみを入れる期間

3カ月間

入れない日があってもOK。1日約500グラム、3カ月で約50キログラム入れられる。

ストップ

熟成期間

3週間

1週間に1度水を入れて混ぜる。水を入れても土の温度が上がらなくなったらできあがり。

たい肥の完成

食品ロスについて心を痛めていたときに、ダンボールコンポストに出会いました。
自分で作ったダンボールコンポストの土に触れたとき、「あったかい！」と胸がドキドキ。
また、生ごみが消える不思議さに感動しました。
みなさんも、ぜひチャレンジしてください！

教えてくれた先生

NPO法人熊谷の環境を考える連絡協議会　コンポストアドバイザー　白倉俊也先生
（※コンポストアドバイザーはNPO法人循環生活研究所　認定の資格です）
参考文献　NPO法人循環生活研究所　発行の冊子「堆肥づくりのススメ」
詳しく知りたい人は、白倉先生のHP「地球にやさしい生ごみの減らしかた」へ
https://ameblo.jp/tsira0304/entry-10606716397.html

🍚 キッチンハーブを育てよう！

みなさんは、どんなハーブを知っていますか。

バジル、オレガノ、ローズマリー…。スーパーで手軽に買えるパセリや青じそなども、ハーブの仲間です。香りづけや飾りに少し使うだけで、ぐんと料理が引き立ちます。

このように料理に使えるハーブをキッチンハーブといいます。

しかし、一度にたくさんは使わないので、せっかく買っても余って捨ててしまう場合も多いようです。

でも、自宅でハーブを育てれば、使う分だけとればいいのでムダがありません。花壇に植えてもいいし、プランターでも簡単に育ちます。何種類か寄せ植えにすると、いろいろと使えて便利です。

●プランターで簡単に育てられるハーブ

☆バジル

マルゲリータのピザにのっているのがバジルの葉。つみたてをのせれば新鮮な味と香りです。自宅でもレストランのように本格的な味を楽しめます。

☆大葉（青じそ）

刻んで薬味にしたり、サラダに混ぜたり、てんぷらにしてもおいしい大葉は、日本を代表するハーブのひとつ。豆腐や刺身の盛りつけにも欠かせません。

☆パセリ

料理に添えられていると残す人も多いパセリですが、栄養価の高いハーブです。タルタルソースに入れると苦手な人でも食べやすいでしょう。

☆ペパーミント

レモンと一緒に氷水（または炭酸水）に入れると、さわやかな香りの飲み物になります。はちみつを加えても OK。

アイスクリームに添えれば、口の中が甘くなったときに葉を少しかじって、すっきりさせられます。また、一緒に食べるとミントアイスクリームの味を楽しめます。

※ハーブには、土や虫がついていることがあるので、使う前には必ず水洗いしましょう。

21

🍚🥢 育てる楽しさ 再生野菜

　切り落とした根や、ヘタの切れ端を水につけておくと、そこから葉や芽が伸びて、もう一度収穫できる野菜があります。

　こうした野菜を「再生野菜」または「リボーンベジタブル」と呼びます。節約にもなりますし、もちろん食品ロスを減らすのにも役立ちます。

　土で育てる再生野菜もありますが、水で育てるほうが簡単。水を張った器に、切れ端を入れておくだけです。

　どんな野菜が適しているのか、また、栽培のコツを紹介しましょう。

☆にんじん・大根

　ヘタを少し残して、器に1センチくらい水を張ります。このとき、ヘタの上まで水がかからないように注意します。だいたい10日くらいで収穫できる大きさに葉が伸びます。

☆豆苗

　再生野菜の中でも、たくさん収穫できる優等生です。

　根元から3〜5センチほど残して切ります。根っこの部分が完全につかるように水を入れるので、深い容器を準備します。7〜10日で収穫できるくらいに芽が伸びます。

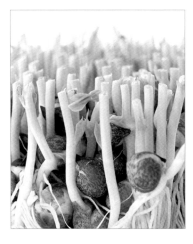

☆小ねぎ（万能ねぎ）
　根っこから5センチほどを残して切り、ばらばらにならないように、軽く輪ゴムでまとめます。広口の空きびんなどに入れ、根っこがつかる程度に水を入れます。早ければ数日で収穫できます。

アドバイス

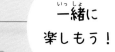
一緒に
楽しもう！

①1日に1回、水を取り替えましょう。夏は水が悪く
　なりやすいので、1日に2回取り替えます。
②水の量が多すぎると野菜が腐ってしまいます。
③収穫は、1〜2回が限度です。
④直射日光ではなく、窓辺の光で十分に育ちます。
⑤水菜、小松菜、チンゲン菜、三つ葉、かいわれ大根
　なども、再生野菜に向いています。

●葉っぱも茎も食べよう・ミルクリゾット

材料

ブロッコリーの茎　適量／キャベツの外側の葉っぱ　2分の1枚／ハム　1枚／ごはん　茶碗1杯／バター　5グラム／コンソメ　1個／スライスチーズ　1枚／牛乳 200cc／水　200cc／飾り用のパセリ　適量

こがさない
ように
気をつけて

①ブロッコリーの茎、キャベツの葉、ハムをみじん切りにする。ブロッコリーの茎は、繊維に沿って切ってから、みじん切りに。

②鍋にバターと①の材料を入れて、こがさないように2〜3分炒める。

③水とコンソメ、ごはんを入れ、沸騰してから中火で3〜4分煮る。

④牛乳を入れ、ひと煮立ちしたら、弱火にしてチーズを入れてかき混ぜればできあがり。皿に盛りつけて、飾り用のパセリをのせる。

アドバイス
冷蔵庫に残っている野菜をいろいろ入れても OK。
ハムのかわりにベーコンやウィンナーでもおいしく作れます。
また、残ったみそ汁にごはん、牛乳、チーズを入れてひと煮立ちさせると、さらに簡単にリゾットが作れます。

☆クッキング

●にんじんまるごと・ころころホットケーキ

材料
ホットケーキミックス　1袋
（150g）／卵　1個／牛乳（また
は水）　100ml／にんじん　2分
の1本／油　少々

①にんじんは皮ごと使うの
で、しっかり洗う。

②にんじんをすりおろす。
手を切らないように注意し
ましょう。

③卵、牛乳と合わせたホッ
トケーキミックスの生地
に、すりおろしたにんじん
を入れて、よく混ぜる。

④たこ焼き器に油を少しひ
き、生地を入れて焼く。

アドバイス
にんじんのほかに、チーズやチョコレート、ナッツ類を入れてもOK。
はちみつ、ケチャップ、クリームチーズなどディップは自由に。
味の変化を楽しめます。

☆料理をするときは、必ず家の人と一緒にしましょう。　協力：テーブルコーディネーター　勝亦瑞穂

25

　どんなときに食品ロスが生まれるのか、どうしたら食品ロスを減らせるのか、一人ひとりができることを遊びながら学べるのが「食べ残し NO ゲーム」です。

　プレイヤーがさまざまな飲食店になって、食品のムダを省きながら売上げを競うのですが、夢中になって遊ぶうちに、自然と食べ残しを減らす工夫が身につきます。

●小学 6 年生が考え出した

　このゲームの生みの親は、大阪府に住む栗田哲さんです。現在は高校生ですが、考え出したのはなんと小学 6 年生のときのこと。

　きっかけは、お父さんが経営する飲食店で、大量の食べ残しがあるのを知ったからです。栗田さんは、食べ残しの原因は、お店が提供する量と、お客様が食べられる量の差だと考え、「両方の量がぴったりになれば勝ち」というルールのゲームにしました。

栗田哲さん

　食品ロスを減らすことで「日本をよくしたい」というのが、栗田さんの願いです。

てみよう

遊びながら食品ロスを考えてみよう

栗田さんが6年生のときに手作りしたカードゲーム

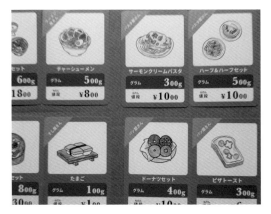

おいしそうなメニューがいっぱい

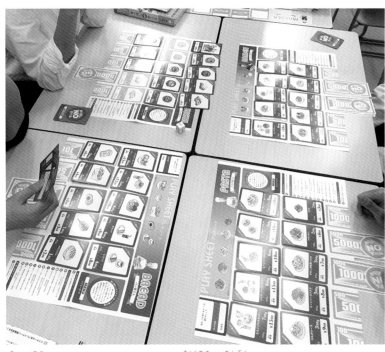

食べ残しをなくすと同時に、お客様を満足させなくてはいけない

お客様の食べられる量と所持金が書かれている

食べ残しにはいろいろな理由がある

問い合わせ先
特定非営利活動法人
Deep People(ディープピープル)
「食べ残しNOゲーム」窓口
TEL:06-6479-1302
HP
http://www.tabenokoshi.
jp/contact.html
価格：3,960円（税込）
送料別

心をひとつに、食・畑・地

シカ、イノシシ、サルなどの野生動物に田畑を荒らされる被害が全国に広がっています。

熊本県宇城市でも、さまざまな作物がイノシシに食い荒らされて困っていました。そこ

で、地元の農家さんたちが立ち上がり、「くまもと☆農家ハンター」を結成。イノシシを自分たちの力で駆除し、さらに、食肉として販売する取り組みを行っています。

●食い荒らされたミカン畑

「イノシシが怖くて畑に行けない。もう、農家をやめようと思っている」

あるとき、ミカン農家のおばちゃんが、さびしそうに言いました。心から楽しみにしていた収穫の前日に、大切に育ててきたミカンをイノシシに食べられてしまったのです。

それを聞いた洋蘭農家の宮川将人さんは、「このままではだめだ。イノシシから地域を守らなければ!」と決意。それが、「くまもと☆農家ハンター」誕生のきっかけです。

食い荒らされたミカン

イノシシの足跡が残る畑

イノシシの被害は農家にとって深刻

●イノシシによる事故も起きている

　畑を荒らすだけでなく、イノシシは人の住んでいる地域に現れることもあります。大きいものは 100 キログラムを超えます。車やバイクとぶつかれば、写真のような事故も起きますし、興奮したイノシシに追突されたり、かみつかれて大けがをする人もいます。

●イノシシが増えると町や村が消える ?!

　イノシシを放っておくと農作物が食い荒らされます。大切に育てた作物を食べられてしまうと、農家の人は生活ができず、農業をやめてしまいます。

　すると、イノシシは空いた田畑でエサを食べます。子どもが生まれて数も増えていきます。

車から撮影したイノシシ

　増えたイノシシは、さらにまわりの田畑を荒らし、被害がどんどん広がっていきます。

　ついには、「こんな危ない所には住めない」と地域の人たちが引っ越してしまい、将来的に村や町がなくなってしまうかもしれません。

イノシシが田畑を荒らす

農家さんが農業をやめる

空いた畑にイノシシが増える

**イノシシが増えると
町や村が消える !?**

危なくてその場所に住めなくなる

まわりの田畑も荒らされ、被害が広がる

自分たちの力で地域を守る

　2016年、宮川将人さん（洋蘭農家）と稲葉達也さん（デコポン・ブドウ農家）が中心になり、「くまもと☆農家ハンター」は誕生しました。地域の若い農家の人たちを集めて、イノシシから畑を守るための勉強会や合宿を何度も開き、狩猟について専門家の指導を受け、必要な資格もとりました。

イノシシが入らないように電気柵の設置を学ぶ

イノシシの捕獲には免許が必要

センサーをつけ、イノシシが箱わなにかかるとスマホに連絡がくる仕組みを作った

　イノシシの捕獲には、「箱わな」を用います。イノシシは頭がよく、用心深いので、はじめのうちはなかなか捕獲できませんでした。でも、カメラをつけてイノシシの生態や行動を知り、改良を重ねることで、捕獲できるようになりました。現在では年間1700頭以上のイノシシを地域の猟師さんと捕獲するまでになりました。

●地域を守るためのハンター活動

　農家ハンターは、銃を構えてイノシシを捕まえに行くことはしません。里に下りてくるイノシシを、箱わなで捕まえます。それは、捕獲するのが目的ではなく、地域と作物を守るための活動だからです。

農家ハンター
防護活動
駆除活動
里に下りてくるイノシシから地域を守る
餌付けSTOP
捕獲

自分たちの力で地域を守る！

●どうしてイノシシが増えたの？　なぜ人里にやってくるの？

イノシシの数は過去20年で3倍にも増えています。また、全国で目撃情報が増えています。なぜでしょうか。

①イノシシの住む場所が増えた

イノシシは冬眠しないため、雪深く、寒さが厳しい地域では生きられません。しかし、最近は暖冬で雪も少なくなり、暮らせる地域が増えました。地球温暖化も関係しているのです。

②エサ場が増えた

農業をする人が減り、使われない田畑が増えました。そこがエサを探す場所となり、里に下りてくるイノシシが増えました。町の中で生ごみをあさる姿もあちこちで目撃されています。

③猟師の数が減り続けている

年々猟師の数は減り、年齢も60歳以上の人が多いのです。つまり、この先も、猟師の数は減っていくと考えられます。

④イノシシの繁殖能力の高さ

イノシシは、生後1年ほどで子どもを産める体になり、一度に4～5頭、多いと8頭の子どもを産みます。

　住める場所や空いた田畑が増え、猟師の数が減り、子どもをたくさん産み続ければ、当然、イノシシの数は増えます。そして、食料を求めて里に下りてくるのです。

●止め差しするということ

　箱わなで捕獲したイノシシは、「止め差し」といって、とどめをさします。できるだけ苦しまないように、電気を流す道具を使います。農家ハンターの人たちにとって、止め差しは、とてもつらいことです。何度やっても慣れず、止め差しのあとはしばらく胸の苦しさがとまりません。

　特に、わなにかかったのが小さなイノシシの場合は、心が痛みます。でも、小さいからといって逃がしてしまえば、1年後には子どもを産める体になります。子どもが生まれて数が増えれば、さらに作物の被害は大きくなります。10年後、20年後も、生まれ育った大切なふるさとに住み続けられるように、今やらなければならないと、農家ハンターの人たちは、がんばって活動しているのです。

🍚 イノシシの命を循環させる

●イノシシをジビエ料理に

イノシシの解体処理をする施設

活動を始めた頃、「くまもと☆農家ハンター」では、駆除したイノシシを土に埋めていました。しかし、宮川さんたちは、「なんとかイノシシの命を循環させる仕組みは作れないだろうか」と考えました。

そして2019年、みんなで力を合わせ、イノシシを食肉として加工するためのジビエファームを建設。地域の人や全国の人においしい肉を安心して食べてもらえるようになりました。イノシシの命を新たに生かす道を切り開いたのです。

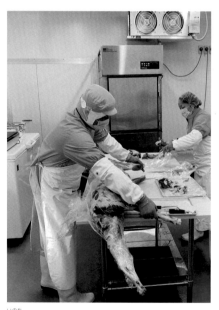
命をムダなくいただく

イノシシ肉の入ったいなり寿司
地元の寿司店も、地域を守る農家ハンターの活動を応援

肉は高タンパク、低カロリー。脂身もさっぱりしていておいしい

●ジビエって何？

狩猟によって食材用に捕獲した野生の動物や鳥のことです。ヨーロッパで生まれた食文化で、尊い命をもらう代わりに、すべてをムダにしないように料理に使い、命に感謝する気持ちが込められています。

32

イノシシの命を循環させる取り組み

●畑を荒らすイノシシで、畑を豊かにする挑戦

「くまもと☆農家ハンター」の次の挑戦は、イノシシで肥料を作ることです。

実は、食肉にできるイノシシは、全体の1～2割で、残りは土に埋めるだけでした。しかし、乾燥させて細かく砕くと肥料に生まれ変わります。畑を荒らしていたイノシシが、作物を育てるための力になるのです。

さらに、イノシシの皮や骨を使った製品やアクセサリー、ペットフードなど、イノシシをまるごとムダにしない取り組みも進めています。「くまもと☆農家ハンター」の挑戦はまだまだ続きます。

イノシシを乾燥させて細かくする機械

肥料に生まれ変わったイノシシ

安心して食べられるペットフードに

●イノシシ対策はSDGs

田畑を荒らすイノシシは、やっかいものです。しかし、イノシシの駆除を通じて、地域の人たちが相談したり励まし合ったり、力を合わせることで絆が深まっています。私たちはそれを「イノコミ（イノシシ・コミュニケーション）」と呼んでいます。

安心して暮らせるふるさとを守り、熊本の豊かな自然を生かしたおいしい作物を生産し続けるための活動は、持続可能な開発目標であるSDGsそのものです。

「くまもと☆農家ハンター」の「☆」は、希望の星。これからももっと農業を盛り立て、地域を元気にしていきたいです。

宮川さんとキャラクターのハナちゃん

おさらいのページ

日本では食べ物がたくさん売られているけれど、日本で作られている食べ物は少ないんだね

肉も小麦も大豆も、輸入に頼っているなんて知らなかった。日本産のものだけではおなかいっぱい食べられないなんてショック！

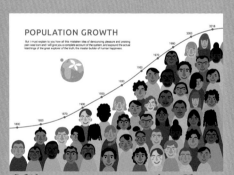

地球の人口はどんどん増え続けている。これから先も食べ物を輸入できるとは限らないんだ

お店に並んでいる農作物が、どこからどうやって来たのか、どんなふうに育てられていたのかを知るって大事なんだね。私も農業体験をしてみようかな

　私たちは、たくさんの食べ物にかこまれて生活しています。食べ物があるのが当たり前で、残すことや捨てることに鈍感になっているのかもしれません。
　でも、食べ物には命、作り手の思い、それを作るためのエネルギーなど、たくさんのものがつまっているのです。「もったいない」を合言葉に、食品ロスを減らしましょう。

この本の制作に協力していただきました

■上村協子／うえむらきょうこ
東京家政学院大学教授・消費者庁食品ロス削減推進会議委員

本当は食べ物が足りない国・日本で、遠くの国から買ってきたものを捨てている状況を見直すことが求められています。そのときのキーワードは、**「エシカル消費（倫理的消費）」**という言葉です。エシカル消費の原点は自分の生活を反省しながら見直すことです。

私は子どものころから魚料理が好きです。小学1年生のとき、7人家族だったので、魚釣りにいったお隣さんが7匹の生きた魚をくださいました。泳いでいる魚を眺めていた私は、急に何とも言えない気持ちになって、大泣きをして、料理をしようとする母親を「やめて！　やめて！」と止めました。「いつも食べているじゃない」と家族からは叱られましたが、私があまり泣くので、7匹の魚はご近所にさしあげて、別の家の食卓に並ぶことになり、我が家は質素な夕食になりました。　自分の食べていた魚は海で泳いでいたのだと実感した、忘れられない体験です。今でも魚料理を食べ終わると、お皿には骨だけ残るくらい綺麗に食べます。知らずに命をいただいていたことを、7匹の魚が小学1年生の私に教えてくれました。

自然に働きかける農林漁業、1次産業を感じることは エシカル消費の原点になると思います。再生野菜を育てたり、ダンボールコンポストが簡単にできる状況ではないかもしれませんが、機会があれば、食品ロスを減らすエシカル消費につながる体験をしてもらえれば嬉しいです。

生活経済学会会長、（一社）日本家政学会生活経営学部会部会長、文部科学省消費者教育推進委員会委員。

■ NPO 法人循環生活研究所

■白倉俊也／しらくらとしや
NPO 法人熊谷の環境を考える連絡協議会　コンポストアドバイザー

■勝亦瑞穂／かつまたみずほ
テーブルコーディネーター

■特定非営利活動法人　Deep People（ディープピープル）

■くまもと☆農家ハンター

さくいん

編　者　株式会社幸運社
歴史、社会、科学、言語、健康、食文化など、さまざまな分野の制作集団。生活に役立つ広範囲な執筆活動を展開しています。主な著書に『とっさの「防災」ガイド』『世界なんでもランキング100』『ことばのマナー常識401』(以上、PHP研究所)、『「とても頭のいいやり方」大事典』(廣済堂出版)、『日本の教養・雑学大全』(三笠書房) などがある。

監　修　東京家政学院大学教授　消費者庁食品ロス削減推進会議委員　上村協子
編集制作　松島恵利子
デザイン　KIS
写　真　NPO法人循環生活研究所、NPO法人熊谷の環境を考える連絡協議会　白倉俊也、特定非営利活動法人Deep People、くまもと☆農家ハンター、PIXTA

今日からなくそう！ 食品ロス ～わたしたちにできること～

❷ 本当は食べ物が足りない国・日本

2020年9月　初版第1刷発行
2021年4月　初版第2刷発行

編　者　株式会社幸運社
発行者　小安宏幸
発行所　株式会社汐文社
〒102-0071　東京都千代田区富士見1-6-1
TEL03-6862-5200　FAX03-6862-5202
URL https://www.choubunsha.com
印　刷　新星社西川印刷株式会社
製　本　東京美術紙工協業組合

ISBN978-4-8113-2724-2